내 영혼에 흔적을 남긴 상처

내 영혼에
　　흔적을 남긴 상처

김지수 시집

시인의 말

 이 작은 책이 누군가에게 고백해야 한다면 무엇보다도 내 자신에게 먼저 고백하고 싶다. 할 말은 많은데 어떻게 밖으로 내 놓을지 몰라 더듬거려야 했다. 그러다 보니 짧게 쓸 시간이 없어서 길게 썼노라고 하면 이 너절한 詩편들에 대한 변명이 될는지 모르겠다.

싸워 본 자만이 좌절할 수 있고 절망을 얘기할 자격이 있는 게 아닐까. 돌이켜 보면 온 몸으로 실천하진 않았지만 온 몸으로 고민하면서 격랑에 휩쓸려 만신창이가 된 내 영혼에 흔적을 남긴 상처는 심신으로, 속절없이 맞아야만 하는 지난 쓰라린 체험 이었으리라. 내 詩도 그런 속에서 대책 없음에서 나온 게 아닌지 ….

내 운명에 대해 힘든 고통만큼 자연속에서 함께 어려움을 나누면서 한번 찾아 온 기회로 내 생애 수렁에 대해 말하고 싶었던 삶의 수기를 이 세상에 詩를 통해 내놓는다.
고독과 힘든 거리를 헤맬 때 내게 도움을 준 이들과 원고 정리와 편집을 함께 해준 소설가 오 연수선생님께 고마운 마음 드린다.

소연(素緣) 김지수 (구명:김경숙)

시인의 말 …… 5
김지수 시인의 작품세계 …… 167
　　　이철호(문학평론가, 소설가)

제1부 살다보니

나는 …… 12
모닝커피 …… 13
모두가 제각각 ……14
발길 …… 16
가을의 소리 …… 17
4계절은 …… 18
가재는 게 편 …… 20
파도 …… 21
감 …… 22
뇌물의 전말 …… 23
작업실 …… 25
귀가 …… 26
뱃길 …… 27
속죄하는 마음 …… 28
모닝커피 …… 30
그들 …… 31
십이월 문턱에서 …… 32
촛불 …… 33
두 얼굴 …… 34
살대 세우기 …… 35

제2부 당신의 향취

함께라면 …… 38
너를 그리며 …… 39
참 좋은 인연 …… 40
연인 …… 42
외길 …… 43
억새 풀 …… 44
여름바다 …… 45
웃어 봐요 …… 46
작은 소망 …… 47
항구 …… 48
후진 바닷가 오후 …… 49
나무의 약속 …… 51
산행 1 …… 52
산행 2 …… 53
너는 …… 54
그리움 …… 55
그림자 …… 56
한 사람 …… 58
그리운 곳 …… 59
걸었습니다 …… 60
그대와 …… 62
고마움 …… 63
올겨울 …… 64
겨울비 …… 65
겨울밤 …… 66
유기 동물 …… 67

제3부 봄의 소묘

봄 1 …… 70
봄 2 …… 71
새싹 1 …… 72
새싹 2 …… 73
봄비 1 …… 74
봄비 2 …… 75
봄 나무 …… 76
오솔길 …… 77
감자 …… 78
농부 …… 79
찬바람의 저 체온 …… 80
천둥 …… 82
그곳에 가면 …… 84
계절을 잊고 사는 …… 85
노랑나비 …… 86
장미 …… 87
목련꽃 …… 88
가뭄 …… 89
흰눈 1 …… 90
흰눈 2 …… 91
함박눈 …… 92
눈꽃 …… 93
나뭇가지 잎 …… 94
하늘에는 …… 95

7

제4부 삶의 한 공간에서

외로운 빈 의자 …… 98
긴 밤을 지새며 …… 100
파도 …… 101
가로등 …… 102
달빛이 본 세상 1 …… 103
달빛이 본 세상 2 …… 104
두부 예찬 …… 105
담배 꽁초 …… 106
텅 빈 화분 …… 107
비 …… 108
소나기 …… 109
세월 …… 110
여름 …… 111
오십천(강) …… 112
날씨 …… 113
만추(晩秋) …… 114
은행나무 …… 115
단풍잎 …… 116
가을 1 …… 117
가을 2 …… 118
가을 풍경 …… 119
다육 …… 120
핸드폰 …… 121
폭죽 …… 122
평창! 동계올림픽 …… 123
왜, 양심을 파는가 …… 124
유혹의 검은손 …… 126
세월호 참사 …… 127

제5부 맑은 영혼의 여운

하루 …… 130
기도(祈禱) …… 131
나눔의 진실 …… 132
황혼 인생 …… 133
행복의 진실 …… 134
나, 지수 …… 135
내가 사랑하는 딸에게 1 …… 136
내가 사랑하는 딸에게 2 …… 138
가족 …… 139
모정(母情) …… 141
외로움 …… 142
삶의 여운 …… 143
상념 …… 144
원망(怨望) …… 145
그리움 …… 147
그 때 그 생각 …… 148
아이 생각 …… 149
친정엄마 …… 150
빈 집(空家) …… 151
엄마 1 …… 152
엄마 2 …… 154
울 엄마 …… 156
엄마 마음 …… 157
내 영혼에 흔적을 남긴 상처 …… 159

살다보니

제 1 부

한나절이면 건조된 나의 속살이
빨래 줄을 벗어나 옷장에 갇힌다 남편의 계산은 틀림없어,
나는 뽀송뽀송한 몸으로 거리로 나온다.

나 는

내가 나를 보는
작은 마음의 기로
멈추어지지 않는 나는
순간마다 나를 찾는다

흰 구름 조각구름
뭉게뭉게 피어오르고
새털구름 훨훨 날아
떠돌다 쉬어가듯

바람은 마음같이
발길 닿는 곳 따라 항상
분주하게 바쁘지만
나는 언제나 나일 뿐이다

모닝커피

새벽잠 깨어
바쁜 설거지 정돈에
구석구석 안 팍 청소
묵힐세라 바쁜 손빨래

세탁기 돌려놓고
땀 마른 사이에
머리손질
화장대에 앉는다

찾아온
나만의 자유 시간
창밖의 햇살 받으며
식탁 위 하슬레향

모락모락 피어나는
한잔의 모닝커피에
미소를 지으며
작은 행복의 시간에 젖는다

모두가 제 각각

엄마의 자궁에서
한 날 한 시에 난
손, 발가락
길이 제각각

엄동설한
처마 밑 고드름
거꾸로 매달린 채
길이 제각각

봄 내내
땀 흘린 밭 고랑
뿌린 작물 새싹
길이 제각각

과수원 밭
탐스런 황금 사과
나무마다 결실

수량이 제각각

자연의 법칙이
이러 할 진대
낸들 너의 마음 알 수 없어
그래서 사람 마음도 제각각

발 길

지나가는 사람마다
발걸음 모두 바쁘다
왜 그렇게 바쁜지
오고 가고 또, 오가는 발길.

오늘따라 갈 곳 없는
내 발걸음도
무척이나 바쁘게
날품을 팔아 간다.

발이야 아프든 말든
가는 시선만 볼 뿐
오라는 곳 없이
바쁜 하루가 오늘도 갔다.

가을의 소리

가을이 오는 소리는
눈과 귀가 먼저 안다

산천의 초목
붉은 옷
갈아입는 소리

깊은 밤
가을을 알리는
귀뚜라미의 합창

가을이면
온갖 나뭇잎들
이별을 준비하고

영영 떠나갈
한숨소리 진동한다

4계절은

봄   긴 겨울을 이겨낸
        개두릅 가시 잎
        목련꽃 흰 잎사귀
        배시시 웃으며
        꽃망울 터트리고

여름   옥수수 수염
        해바라기 고개 숙이고
        뜨거운 태양 아래
        긴 하품 토해 내는데

가을   울긋불긋
        국화꽃 향기 드높이고
        타오르는 계절 단풍
        아름다워라

겨울   차가운 서리 뿌려
        아름다운 단풍

모두 다 내려놓고
앙상한 나뭇가지
겨울여행 떠난다

가재는 게 편

지지리도 못나 빠진
똥파리는
냄새 나는 곳에만
날아들고

새 세상 만났다고
똥집 짓고
외부 침입자 무시하고
자기 세상이란다

또 한 무리
인간 세상 못난이
끼리끼리 어울려
모였다 하면
남의 흉에 꽃이 핀다

파 도

바닷가
모래알은
좋아라
반짝반짝

미소 짓던
파도는 하얀
거품을 품었다
토해내고

파도에
숨바꼭질하던
검은 바위는
파도에 부딪치며 철썩

감

따스한
햇살아래
여린 잎 향기품고
꽃들로 만발

뜨거운 뙤약볕
초록이 싫어
빨갛게 물든
감이 되고파 하더니

얼마쯤 .
낙엽 밟히는 소리가 들리니
주렁주렁 연홍색으로
붉은 단장을 하고 있네.

뇌물의 전말

어떤 사람은 말한다
무언가를 받을 때
기분 좋으면 선물 찜찜하면 뇌물

오늘 난 무언가를 받는다
잘 봐달라는 미소와 함께 봉투를
기분 좋으니 선물인가 보다

다음 날, 나는
그 의미심장한 미소에
그냥 눈 한 번 감아 줬다

뭐 어때? 선물이라는데 뭐.
그리고 나는
다시 한번 눈 감아 줬다

이런! 큰일 났네
나는 선물을 받았을 뿐인데...

나는 그와 나란히 법원으로 간다

탕. 탕. 탕 내심장의 두근거림
이제부터 그와 함께 산다
감. 옥. 에. 서

작업실

문을 열고 들어서면
반기는 건 텅 빈
공 소음과 차가운 냉기

불을 밝혀
따스한 훈기 살려
자리 지키고 보니
초라한 모습 생각 든다

모두 언제쯤이면
다 모여질 건가
바라보이는 건
시계바늘 소리뿐

성급한 마음은
괜한 가슴만 태우다
어느새 제풀에 녹는다

귀 가

일 끝낸 텅 빈 작업실
좁고 긴 어둠속
나를 반기는 건
환한 가로등 미소뿐

무거운 발걸음
옮길 때마다
투명한 내 발자국
구두 뒷굽 소리뿐

힘든 나의 마음
어느새 알았는지
강아지 마중 나와
꼬리치며 반긴다

뱃 길

푸른 하늘의
통행 길은
해와 달이 밝혀주고

출렁이는 바다엔
고기잡이 통통배가
검푸른 오솔길 숲 헤쳐 준다.

좋아라 바닷고기
팔방으로 흩어지면
흰 거품 파도길 따라

갈매기도 춤추고
끼룩 끼룩 합창하며
노을빛 수평선 찾아간다.

속죄하는 마음

상냥한 미소로
마음을 사고
같은 느낌으로 만난다는 것.

언제나 주변에는
가면의 마음을 열고
위선의 구걸을 하여 온 당신

그것은 감추어진
음흉한 검은 속마음
계획된 음모의 부정한 짓이였지

소리를 삼기며 웃는
호탕한 웃음소리 아름답습니다
언젠가 마음 조이며 울게 된다는 것

당신이 가슴을 닫고
마음 초조히 만들어 가고 있지만

같은 느낌의 사람은 어디에도 없습니다.

언젠가 가슴을 치며
속죄하는 마음의 소리로 우는 그날
모두는 조용히 그 형상을 지켜보렵니다.
꼭 그렇게 되기를. 끝까지.

모닝커피

나의 하루를
가만히
열어주는 문고리

비 오나
눈 오나
바람 불어도

내 하루 출발선
정신 줄 잡아주는
넌 나의 껌딱지

그 들

"언제나 국민을 위해…"
이 때 쯤 이면 그럴듯하게
당당하게 웃고 있는 그들

선행과 아름다운 계획 넘쳐나지만
돈이라는 장막 뒤
아무도 모르게 덮여지는

학연이란 끈으로 서로를 잇고
지연이란 마개로 귀를 막고
혈연이란 안대로 눈을 가린 그들

깨끗한 척 흰 깃털 속
까만 몸을 애써 모르는 척
고고한 자태를 뽐내는 학 같은 그들

그들이 환한 미소를 띠고 인사한다
"최선을 다 하겠습니다."

십이월 문턱에서

길 떠나는 가을이
아무리 싫다 해도
나이에 보태라며

더해진 숫자 하나
살며시 밀어주고
저만치 달아나네

천천히 떠나라고
아무리 꼬드겨도
잰 걸음에 가버리네

촛 불

가녀린 허리에
물결처럼 하늘거리며
소리 없이 고개 숙여
흐느끼는 여인아

불타오르는
사랑의 감성을 억제 못해
맑은 눈빛으로
흘러내리는 저 눈물

긴 시간도 멈추지 않고
밤을 지새우며
너의 몸을 불태우고

모질면서 여린 일생을
밤새 지키면서
긴 여행을 기다리며
수면으로 들어가 버린다

두 얼굴

상냥한 미소로
마음을 사고
언제나 주변에는
위선을 구걸하여 온 당신

감추어진
검은 속마음의 두 얼굴
부정한 계획의 음모였지

소리를 삼키는 미소
호탕한 아름다운 웃음소리
마음 졸이는 가슴속 공포는

언젠가 가슴을 치며
속죄하는 후회가 왔을 때
누구도 함께하는 사람
어디에도 없습니다.

살대 세우기

정월 대보름날 만 동에 참여하여
액을 막는 살대 세우고
태평 민안 빌고 있네

길삼 장구 매단 살대 위
네 마리 오리 북쪽을 향하고
사십여 가닥 줄잡은 남녀노소
빙글빙글 흥겹게 춤을 추네

제상에는 돼지머리 푸짐한 재물 차려
한 해의 풍년 농사 원화소복 빌고 빌어
영등 날 다시 모여 살대 기원 소원하네

당신의 향취

제 2 부

친구야!
모레 선약이 있다면 글피 그 글피도 좋고 그날도 나쁘다면 다음 주 내일도 좋다.
잠시 시간을 멈추고 밥이라도 한 끼 먹자!

함 께 라 면

슬픈 날에는
당신의 위로를
받고 싶어요.

괴로운 날에는
당신의 손길이
필요해요.

기쁜 날에는
당신의 정다운 말
함께 나누고 싶어요.

언제나
당신과
함께라면.

너를 그리며

너의 마음이듯
언제나 밤하늘 별빛을 보고
해맑은 별빛은
비온 뒤의 아침 너의 눈빛이다

밤은 깊어 한없이
산사의 아침처럼 조용하고
싸늘한 별빛이 먹구름 속에서
시린 몸짓을 하는 내 마음이다

세상을 느끼면서
먹는 너의 눈물이듯
내게 가시처럼 박혀와
황야의 겨울이 된 시린 마음이다

아. 별은 멀어
내 곁에 너가 없듯이
밤하늘의 별빛만 보며
지금도 너를 그리며 홀로 서 있다

참 좋은 인연

한 하늘 아래 …
한 줌 행복도
함께할 수 있음에
참 좋은 인연입니다.

흐르고 흐르는 세월
스치듯 살아가는 세상에는
마주하고 웃을 수 있으니
참 좋은 인연입니다

흩날리는 이슬은
풀잎을 만나 영롱하게 빛나고
흐르는 바람은
갈대를 만나 소리를 냅니다

어느 시절, 어느 곳에
맺어둔 인연이기에
지금… 이리도 곱게 빛나는지요

눈감으면 가슴에 안기고
생각나면 그윽한 향기로
마음 가득 차오르는 그대…

그대 머무는 세상에
내가 함께 있어
참 좋습니다.

참. 좋은 인연입니다.

연 인

당신을 사랑하기에
힘을 얻었습니다

그대의 이름을
다정하게
부를 수 있어서

우리 사이도
다정한 연인이 되어

그대의 눈을
편안하게
바라 볼 수 있어

우리 사이는
다정한
연인이 되었습니다

외 길

나는
마냥 좋아해 하는
강아지들과
행복한 나들이를 나선다

그 길은
내가 원하는 대로
그리 오래가지 못하고
금새 지루함을 느꼈다

그래도 허전한 마음 채울 길 없을까
사방을 둘러보아도
도움이 되는 것은 없었다

오로지
앞만 보며 외로움 잊고
열심히 걸었을 뿐인데
부질없는 나의 선택인가 싶다

억새 풀

갈대는
임 마중에
고개만 살래살래

친구라야
함께 뛰어 놀던
오직 바람뿐인걸

어느새
긴 시간의 여운으로
억새꽃이 하얗게 피었다

여름바다

뜨거운 열기 속
몸은 쪄서
달아오르고

잔잔한
파도 위 갈매기
나를 부르네

시원한
바다 내음 안고
나의 몸을 맡겨본다.

웃어 봐요

저물녘 어둠이 내려와
따사로운 햇살
우리 곁을 떠나가면
고개 숙이고
가을빛으로 늘어진 해바라기

언젠가 다시
저물녘 어둠이 내려와
우리 곁을 떠나가도
타오르는 주홍빛으로
가을로 솟아오르는 해바라기

모두 웃어 봐요.
당신의 눈부터 밝은 미소가
해바라기 꽃잎처럼
기쁨으로 피어오르는
함께 해바라기이고 싶다.

작은 소망

언제나 쉼 없이
쌓이는 먼지처럼
날마다 털고 닦아도
욕심만큼이나 쌓인다

오늘도 언제나
깨끗이 청결된 그 곳
한 바퀴 둘러보면
한결 편해진 마음도 있지만

희망하는 마음도
이처럼 깨끗하도록
일상의 욕심처럼
작은 소망 가져본다

항구

궂은비
내리는 항구
아이들 마음처럼 들떠

파도
출렁임 몸짓에
어지러움을 느끼며

똑딱선 세월처럼
낯설은 항구에 닻을 내리며
쓸쓸이 비를 맞는다

세찬 바닷바람은
휘감은 머플러와
두 뺨을 스치며 바람을 맞는다

후진 바닷가 오후

에메랄드 빛 위로
무심한 듯
햇살이 비치는 순간
눈부신 서러운 잔가지들

수평선에 걸어놓고
밀고 당기니
하얀 포말이
내게 말을 걸어온다.

비워내라
비워야 담긴다.

가슴속 거친 파도
더 넓은 해안에
오롯이 내려놓고

바람의 환상곡에

온 몸 묵묵히 맡겨
유유히
나의 길을 걷는다.

※ 후진 : 삼척시 소재 해변 마을지명

나무의 약속

철길 옆
두 나무
서로 마주보고
마냥 즐거워하는데

보는 시선의
부러운 눈빛은
아랑곳 하지 않고

바람결에
몸을 흔들며
속삭이는 말,

"우린
언제나 지금처럼
변함없길 바래요"

산 행 1

태고의
비밀을 벗기듯
정상을 향해
숨 가쁜 침묵
산행의 문을 연다.

바람이
코끝으로 실어오는
아카시아의 향기
가파른 산속 숲길의
풍경을 담아 온다.

시리도록 푸른
오솔길 밀림 숲속을
치솟아 오르는
땀의 열기를 토해내며
바위 위 끝자락 내 딛고 오른다.

산 행 2

푸른 빛깔로 뒤덮힌
풍경의 늪에 빠진
시선들
바라보는 눈은
천국이다.

순해 보이는
자연의 순수함에
함박웃음 머금은 채
반기는 야생화의 자태
운무의 안개를 피우고 있다.

격한 산행의 육체는
노곤함을 못 이겨
기다려 지지 않는
성급함을 달래듯
벌써 낮의 길이를 재고 있다.

너 는

너는 그랬다
꼬인 실타래처럼
나를 몰아세웠다

나는 이랬다
쌈닭처럼
아픈 상처만 쪼아댔다

며칠의 헤어짐.

너에게는
가지 못하는
찌그러진 아픔

할 말이 있는데
하늘의 별들이 속삭인다
작은 존심 버리라고.

그리움

혼자가 싫어
외로움에
벗어나고파

그대와
사랑의 연으로
몸부림치면

더욱 더
그리움으로
여울진다

그 림 자

홀로 나서면
언제나 함께하는
나의 동행자

바쁜 일상으로
대화도 없건만
언제나 함께하고

약속 있어
커피점에 들렀더니
감쪽같이 사라져

내 마음은
담지 못 하면서
흉내도 잘 낸다

오늘도
너와 함께라면

외롭지 않은
동행 내 그림자

한 사람

처음부터
그랬던 건 아니었다
어딘가 모르게
낯설고 서먹하였는데

만나고 대화하며
부딪치다 보니
더욱 의지하게 되어
편해지는 마음

서로의 질투와
다툼도 있었지만
자상함까지 보일 때는
그만큼 한 사람을

생각하게 된다

그리운 곳

찬란한
빛살 무늬가
여명의 아침을 열고
꼭 한 번쯤 쉬어가고 싶은
내 마음의 향기가 서린 그곳

그리움만큼
수평선 위로 고운 바닷물 결이
스치는 바람을 이기지 못해
물결로 갈매기를 노래한다.

언제나
봄처럼 희망이 넘치는
뿌리 내리는 사랑이
그리운 곳 이름이여
더욱 그리워지는 당신은 … 바로

걸었습니다

누구의 기다림도 아닌데
뒤돌아보면
쭉 뻗어 기분 좋은

길만 있는 것도 아니였는데
천길 벼랑 오르듯 걸었습니다
자갈길 오르막길
가리지 않고 걸었습니다

기분 상한 날은
흙먼지 날리는
비포장 길도 걸었습니다

슬픈 날은
비, 바람 맞으며
진흙 속에 빠지며 걷기도 했습니다

오늘도 난

분주한 발길이
휩쓸고 간 길을
앞만 보며 열심히 걸어가고 있습니다

그 대 와

그냥
바라만 보아도
즐겁고 좋은데

왜일까
초조하고 불안한 건

행여나
내 마음 몰라
받아주지 않으면

이대로
영원토록 그대 곁에
머무를 수는 없는지

나의 곁에 항상
그대와 함께라면
얼마나 행복할까

고마움

너가 나를 알아주었을 때
슬픔의 허물도
벗겨질 수 있다는 것을
알게 되었고

나에게도
세상의 두려움을
알 때 있었으니

그때마다
귀 기울어 준
그대의 마음이 고맙고
감사했습니다

이제는
절망의 늪에 빠지더라도
방황의 바람을 이겨내고
살아가렵니다

올 겨 울

올겨울
유난히 춥다는 예보
가슴속 덜컥
겁부터 난다

보이는 곳 모두
앙상한 가지마다
매서운 찬바람에
얼음이 된 동네

살을 에이듯
추위가 몰려오고
겹겹이 옷 껴입기
겨울 내기 하고 있다

겨울비

냉·한 기온으로
내게 다가오는
피할 수 없는 당신
마음으로 느끼기 싫어
겨우 피했는데

발끝부터 느끼는
차가운 전율이
피부로 파고들어 올 땐
온몸으로 퍼져오는 한기에
저절로 신음 소리가 나온다

어느새
빗물은 두 볼과 입술로
나의 몸을 냉기로 품어버려
온몸을 흔들고 있는
당신의 마음은 겨울비입니다

겨 울 밤

자정이 지난
인적 드문 길
칼바람 피해
쫓기듯이
한걸음에 내달렸다

싸늘히 식어
졸고 있는
빛바랜 형광등
거칠게 가쁜 숨
길게 토해내며

어느새
냉기를 쫓아내는
율동의 열기로
분주히 체온을
덥혀내고 있다

유기 동물

바람도 잠든
고요한 새벽
길 잃은 들고양이
쉼터 찾아
헤메일 때

혹시라도
자릴 빼앗길 새라
도움 요청하는
유기견의
울부짖음 소리

봄의 소묘

제 3 부

봄. 꽃자리
사랑니를 발취하듯 봄을 떠나보냈다
그해 봄 내내 나는 이슬비를 맞으며 우산을 펼쳐야 했고 한쪽 어깨를 적셔야 했다

봄 1

따스한
봄볕 사이로
가벼운 실바람이
봄 동산으로 오르며

산모퉁이
돌고 돌아
꽃봉우리마다
간지럽히니

양지바른
언덕에는
막 깨어난 개나리
꽃향기를 피워낸다

봄 2

웬일이랴 !
때 아닌 사월에
눈이 내린다

봄 알리려
젖 몽우리 부풀어 오른
목련꽃에서

심술궂은
꽃샘추위가
심통을 부린다

기특도 하여라
젖 몽우리 얻어맞고
소리 없이 활짝 웃음으로
봄을 알리고 있다

새 싹 1

꽁꽁 얼어붙은
양지바른 언덕 위
살포시 웃으며 쏘옥
달래, 냉이, 쑥
얼굴 내민다

아지랑이 아롱아롱
들판을 벗 삼아
물오른 새싹이
가슴 젖꼭지처럼
탐스럽게 피어오른다

새 싹 2

가냘프고
여린 새싹
세상 밖 나와서

따뜻한
햇볕 아래
살포시 기지개 켜더니

어느새
다 자란
잎사귀를 살랑살랑 흔들며
아침 햇살을 반기고 있네.

봄 비 1

하늘 바람 아래
꽃향기와 함께
내리는 봄비

목마른
대지를 촉촉이
적셔주고
땅 속으로 자취를 감춘다

시끄러운 세상
힘겹게 살아가는
혼란 속에서도
묵묵히 지켜봐 주던
반가운 소식에
말없이 땅 속으로 스며드는 봄비

봄 비 2

밤새 내리던
봄비
새벽 동 트니
딱
그쳤다

메말랐던
대지를
흥건히 적시며
환한
햇살을 받는다

어느 샌가
여기 저기
움츠렸던
꽃망울
터지는 소리가

봄 나무

봄비로
몸을 씻고
밝은 햇살 받으며
밝게 단장을 한다

매서운
꽃샘 추위
아랑곳 않고

말끔히
꿋꿋이 버티어
싱그러운 향기 주고

깊은
마음 헤아려
벌, 나비 날고
수림의 정취를
봄으로 맞아준다

오 솔 길

봄에는
벌과 나비 날아다닐 때
나도 벌 나비
되어 날고

곧지 않아도
즐겨 다니던 길이라
한가로운 추억 길이다

홀로 언제나
욕심 걱정 버리고
언제나 걸을 수 있는
한적한 오솔길이 마냥 좋다

감 자

한 뿌리 한 톨에서 태어나
사정없는 칼질로
종자로 나뉘어져
햇빛과 바람을 양식으로

숨 박 꼭 질 하듯
땅속으로 쏘옥
보금자리에 들었다

연약한 솜털로 줄기를 뻗고
터질듯한 싹으로
줄기 잎으로 햇빛을 받아

송 글 송 글 뿌리 달아
새로운 열매들이
엄마의 마음같이 정성 담아
결실의 보물찾기 놀이한다

농 부

이른 봄부터
들판에서
언제나 한결같이
부지런한 농부

이리 갔다
저리 갔다
쉴 사이 없이
육중한 트렉타와 함께

해질녘이면
정갈하게
그려놓은
밭고랑이 그림 같다

찬바람의 저 체온

찬 기운
너의 찬바람이
내 피부 몸속으로
파고 들 때에는

나는
깜짝 놀라
몸속의 기운까지
움츠려 들고 만다

그럴 때마다
잠간 스치는
찬바람 속으로
내 몸은 살아 움직이고

긴장의 끈을
놓지 못해
내 몸속 열기를 위해

작은 털 힘 실어
체온의 보호를 잃지 않는다

천 둥

한 여름
땡볕이 뜨겁다
처마 밑 그늘
잡초까지 말리더니

한낮을 넘기는 시간
집 찾아오는 아이처럼
검은 먹구름 한줌
성나게 들이닥친다

시끌법석 바람소리
한순간을 못 참아
사방을 어둠 속으로
겁나게 몰아 치드니

하늘을 가르는 빛
투 둥- 꽝! 천둥소리
새 찬 빗줄기 쏟아붓고

한바탕 질펀하게 놀다
지나가 버렸다.

그 곳에 가면

양지바른 쪽
아지랑이 아롱거리고
노랑나비 나풀나풀
꽃 찾아 소풍 간다

봄기운
아랑곳 없이
벌꿀 꽃향기 찾아
봄꽃 마중 나가고

꽃과 나비
향기와 꿀 찾아서
봄 동산 꽃동산
벌 나비 잔치 열렸네

계절을 잊고 사는

올해도
봄이면 앞뜰에
꽃잎 뿌려
계절을 알려주고

보고픔의 미련도
애타는 그리움도
목마름의 기다림도
일찍이 잊은 채로

언제나 그랬듯이
내 곁으로 찾아와
어렴풋이 전하는 건

해마다 까맣게
잊고 사는 나에게
잔잔한 여운으로
봄소식 전해 주려오나봐

노랑나비

노랑나비
색동 옷 입고
팔랑팔랑

꽃향기 따라
예쁜 임 찾아
홀로 가는 거니

예쁜 날개옷
가지런한 몸짓
임 품에 살포시 안기네

장 미

너의 향기에 취해
나의 발길이
힘들어 멈추어 섰다

너의 곱고 우아한
아름다운 모습의 유혹을
끝내 뿌리치지 못하고

손길을 건넨 모두에게
외면하는 미움의 가시
너 장미는 향기로구나

목련꽃

담장 위로 뻗은 가지
겨우내 눈비 이겨내고
훈풍의 봄기운 이기지 못해
꽃잎으로 봄소식 활짝 피운다

순결함을 참다못해
청초함의 아름다움으로
보조개 웃음으로 머금고
살포시 곁으로 다가와

목련꽃 사랑 노래 심었다

가 뭄

메마른 대지 위에
두럭 바닥마다
갈라진 사이사이
드러난 속살

목을 축여도
더욱 심한 갈증
멈추지 않는 더위
땀마저 말라버렸다

거북이 등처럼
그려진 상처의 아픔마저
소원하는 내일이면
아물려나

흰 눈 1

어제부터
백일상 준비에
쉼, 없이
내리더니

밤 사이
이웃 마을까지
정겨웁게 나눠주고

오늘은
해맑은 미소로
모두 모여
바쁜 일손에
지칠 줄 모르고 있다

흰 눈 2

밤새 긴 밤을
하얗게 지새며
소리 없이 다가와
빛 바랜 흰 눈으로
소복이 담아 놓고
흔적만 남기고 간 너.

천사의 마음처럼
포근히 내려와
하늘 밑 흉상 모두를
깨끗이 덮어놓고
은백색 설경으로
미련 없이 가버린 너.

함 박 눈

모두 깊이
잠든 밤
얼마나 기다렸을까

밤사이 소리 없이
온 세상을 담아
품에 안아 버린 임

어두운 밤
창문 밖을
환하게 비춰준 그대

그 마음
따뜻한 정 담아
한 번 더 맑은 함박눈 내린다

눈 꽃

하늘이
토해낸
흰 꽃

나뭇가지마다
살포시
자리 잡고 피어

그래도
부드러운
눈 나비 앞세워
목련화 젖무덤
꽃술 찾아 든다

나뭇가지 잎

엄동설한 얼어붙은
마음으로 간절히 바라며
얼마나 기다렸을까

세상 그리움과
온갖 기대로
한 계절 내내 까막눈이 되도록

천둥 번개 비바람과
두려움 모두 잊고
여명의 빛을 그리며

소망한 꿈
오직 세상 밖으로
불끈 솟아 나온
새싹 나뭇가지 잎

하늘에는

별 따라
은하수 물결 따라
흘러가는 빛 속의 별
유난히 마음으로 흐르고

구름 속 투명하게 비치는
높은 하늘에는
새털구름 먹구름이 함께 간다

바람이
세차게 몰고 가는
저 하늘 속에는
거친 태풍의 소리 진동하고

비
휘몰고 간 시야에는
촉촉이 젖어버린 들녘으로
새하얀 안개가 조용히 스며든다

삶의 한 공간에서

제 4 부

사내가
쓰러졌다가 일어선다 지구가 넘어졌다
일어나는 순간처럼 아찔하다

외로운 빈 의자

한적한 그 자리에
언제나 쓸쓸히 있는
빈 의자

비가 오면
언제나 그냥
감출 것도 피할 것도 없이
그대로 다 젖는다

바람 불면
나뭇잎은 그냥
가릴 것도 붙잡을 것도 없이
그대로 다 날려 가버리고

인생의 무상도
어디서 시작되었는지
희, 비로 바쁘게 얼룩져 놓고
오늘 하루도 어제와 같이 가 버린다

비가 오는 날
빈 의자는 변함없이
언제나 그대로 또 젖는다
내일도 다음날도 외롭게 그렇게 또…

긴 밤을 지새며

두려움이
밀려오는 밤
눈 밑으로
작은 경련이 인다
무릎의 통증

언젠가
관절의 통증이
괴로움으로
고통의 시련을 잇고 있다
눈물 없는 아픔의 병마련가

아프다
그래도
삶을 억제하여서라도
오지 않는 잠을 요청하여
긴 밤을 지새는 아침을 기다린다

파 도

수평선 위를 위협하는
파도는 어깨를 들썩이며
흥겨운 춤을 춘다

밀려왔다 철썩
은빛 모래가락 장단쳐 주고
갈매기도 덩달아
파도 위를 춤춘다

파도는 사정없이
아프도록 바위를 때리며
성난 화를 감추지 못해
흰 거품을 토하며 포효한다

시퍼렇게 멍든 바다
아프다고 철썩 소리치며
밀려왔다 잔잔히 사라지는
미소 짓는 파도여

가 로 등

한낮 뜨거운 햇빛 아래
무거운 갓 쓰고
묵묵히 지키는
너는 누구를 기다릴까?

어두운 밤 지붕 아래
밝은 빛 토해내며
말없이 가는 시간 쫓아
외로히 서있는 너.

얼마나 기다렸을까
지나가는 걸음걸음으로
모두 잠적해 버린 후
피곤의 깊은 잠 속으로
조용히 빠져 든다.

달빛이 본 세상 1

비가 내리면
달빛도 무너져 내린다
빗물 고여 만들어진 작은 웅덩이엔

칠흑 같은 밤 하늘,
어둠이 녹아 내린다
밤의 세계가 모두 잠긴다

무얼 본 걸까.
나 몰라라 지켜보는
방관자의 눈일까

말은 않고 눈총만 쏘아대는 내 모습일까.
두 발로 곧게 서 있는 이 땅은
내 목소리를 들을 수 있는데

달빛이 본 세상 2

나는 무엇이 두려워
아무 말 못하는지
시커먼 돈과 맞바꾼
부끄러운 마음

하늘 아래 부끄러운
고요만 들려온다.
언젠가 사라질 달빛처럼

오늘의 정의만 생각하면
내일의 몰락은 볼 수 없다
내 불타는 신념이
나의 영원임을 확신하는 한.

두 부 예 찬

무덤덤하고
덤덤한 두부가
세 살부터 여든까지

부자나 가난한 자나
가리지 않는 음식이 된 것은
별스럽게 튀는 맛이
없어서일 것이다.

내세울 게 없기에
군림하는 대신
겸허하게 순응하고

껍질이 벗겨지고 온몸이
으스러지는 가혹한
담금질을 견뎌냈기에

무른 듯 단단할 수 있을 것이다

담배 꽁초

휙–
내동댕이쳐
기분 좋게 공중회전
두어 바퀴
땅에 뒹굴어지는

분위기 따라
엉덩방아도 찧고
짧게 춤도 추어 보지만
아무런 쓸모없이
짓밟히는 꽁초 인생

그네들도
깨끗한
휴지통에
살 권리와 의부도
바라는 소원일게다

텅 빈 화분

넓고 좁은 텅 빈
보고 있어도 외롭고
쓸쓸해 보이는 너
작은 마음 담긴 모두에게
나누어 주고 싶다

아무도 주지 않으면
웬지 메말라질 것 같은
작은 정성 담긴 것으로
채워주고 싶어져

손길이
항상 있어야 하는
사랑스럽고 예쁜
작은 꽃나무로 채웠다

비

밤새
두들기듯 소리 내어
시끌법석 하더니
어느새 촉촉이 내린 비

간지러운
손길로 길 먼지
씻겨주고 풀잎 사이로
찰싹 떨어지는 빗방울

흠뻑 젖은
나뭇잎에 생기가 돌고
갓 피어난 꽃망울 참다못해
어느새 함박꽃 웃음 확 피웠다.

소 나 기

환희에 가득히
미소짓던 얼굴 위로
송글 송글 땀방울이 흐른다

뭐가 아쉬워
금새 찌푸려 들며
시샘인양 비웃드니
재빛 속으로 몰아간다

하늘 아래
온 동네마다
호통치며 소란 피며
다 못 참아 화를 내더니

그것도 끝내
마음이 내키지 못해
마구 때리다
급기야 소나기 퍼붓고 만다

세 월

세월아 !

걸어온 길
뒤돌아보며
천천히
쉬면서 가자

세월아 !

나랑 같이
세상 시선 접고
묵묵히
걸어가자

여 름

요란하게 울어대는
매미의 기상 소리에
아침을 열고

후덥지근 내려쏟는
햇살에 하루를 연다

땀방울 젖어
벗어놓은 상의는
마를 시간 없는데

노곤히 찾아오는
한 스푼의 꿀 같은
단잠에서 깨어나니

맑은 정신과
마음이 솜사탕처럼
개운한 맛이다

오십천(강)

도계읍 백산골서 발원한
오십천* 강줄기는
심포리 미인폭포 절경을 만들고

그 여정 오십 킬로를 굽이굽이 돌아
이 골 물 저 골 물 합수하여
오십천 큰 강물로 죽서루를 감돌면서
정라항 푸른 동해바다로 넘쳐 흐르고

굽이굽이 꼬부라진 긴 강줄기는
수많은 절경과 전설을 남겨두고
오늘도 오십천은 유유히 흐르고 있네

* 오십천-삼척시 도계읍 오십천 상수원

날 씨

오늘은
너무 춥다
두 손 모아서 호호
모두 입 맞추어 합창을 한다

오늘도
덥다 더워
흘러내리는 땀방울 닦으며
약속처럼 모두 부채질 하네

만 추(晩秋)

살랑살랑 흔들며
도래질 하는 갈대숲 사이로
가을은 바람을 몰아
계절을 재촉하고

잔물결 출렁이며
쉴 사이 없이 흘러온
작은 강물은 온갖 시련 안고
세월을 약진하는데

산촌마을 굴뚝에서
모락모락 연기가 피어올라
해 다 저문 하늘가
노을을 짙게 물들인다

은행나무

잎 파란은행 나무 밑
중년의 남,녀
다정하게 웃음 짓고 있다

날씨 탓인가?
무더울 땐
더위 피해
함께 초록 양산 쓰고

가을비를 피해
노란 우산 아래
쉬어 가기도 한다

단풍 잎

온통 붉은색
강이 되고
바다가 되어
출렁인다

외로움이
가슴처럼
찢기는
마음일는지

단풍잎은
붉은 노을 되어
강물처럼
흘러간다

가 을 1

계절을 부르듯
풀벌레 쉼 없이
울어 대더니

갈색 숲 사잇길로
정오의 햇살이
따갑게 쏟아 내린다

푸른 하늘 비행하던
고추잠자리 숨박꼭질 놀이에
가을은 벌써 내 곁에 와 있다

가을 2

계절은 바람 타고
찬 기운을 몰아
자기 세상을 노래하고

황금물결은
어느 사이
텅 빈 들녘으로 밀려났다

푸르른 나뭇가지
낙엽으로 날려버리고
앙상한 가지만 외로이 서 있다

가을 풍경

달아오른
살평상 위
탐스런 붉은 고추
제각기 자태를 뽐내며
멋진 포즈로 누워있다

초가지붕 위
탐스런 박들이
손길을 기다리고
포동포동 살찐 가을은
물든 가을 노을을 그리고 있다

다 육

상가로 위 오후
이동식 판매대 진열에
문득 발길 멈추게 한
흔히 볼 수 있는 화분

지구촌 난방의 사막에서
종족보존 기류를 따라
작은 삶의 둥지로
두 발 묶여 버렸다

끈질긴 생명의 호소력에
잠시 마음을 잃은 사이
살며시 두 손 내밀어
사랑을 듬뿍 주었다

※ 다육 : 사막의 열대성 선인장과 식물

핸 드 폰

책상을 흔들어
놀래키며
어디서나
존재를 알리는
나의 핸드폰

행여 놓칠세라
냉큼 집어든
폰 소식은
쎄일 문자

허탈한 마음에
떨어질세라
손아귀에 넣고
눈 쇼핑 삼매경

폭 죽

폭음을 날리며
솟는 불꽃
힘차게 팡 팡 팡

고운 빛으로
하늘을 밝히며
머리 위에 꽃이 핀다

텅 빈 하늘가에
밝게 피는 무지개 빛
조용히 소망을 담아본다

평창! 동계올림픽

새 밝은 아침의 햇살이
세계로 여명을 깨우는
천지를 진동하는 평창의 소리 들린다.

멀고 먼 태고의 역사도
사통팔달을 엮은 백두대간의 얼
숨가쁜 관동팔경은
신비로운 비경의 혼을 남기고
강원의 품에 안겨 있다.

눈부신 금강 설악의 웅장함도
평창의 찬란한 백설의 빛으로
문화체전 함성으로 메아리치니

아, 평창! 동계올림픽

왜, 양심을 파는가

미소를 흘리며
마음의 웃음을 날려주고
돌아서서 화려함을 팔고 간 사람.

누군가가 남기고 간
양심의 어두운 침묵
그리고 돌아서서 구르는 바람.

이 푸른 하늘에 구름의 증오는

양심(良心)이
선악의 찬란한 빛을 욕망으로
하찮은 사욕에 흔적만 남기고
약속처럼 떠나 가버린 양심(兩心)은

양심의 하늘은 왜 이리도 쓸쓸한지.

먼저 간 사람

지금 가는 사람
그리고 곧 가야 할 사람
정녕 양심은 심성이 작용하는 선악(善惡)인가.

유혹의 검은손

눈을 감고
귀를 감아도
뻗쳐오는 유혹의 손길
다시 웅성거린다

입에 발린 말들이
귀를 열리게 하고
감고 있어도 눈을 뜨게 한
점점 어둠 속으로 끌어간다

양심이 검게 물든다
눈과 귀가 검게 물든다
오늘도 어둠의 유혹이
다시 웅성거린다

세월호 참사

다 피지 못하고
청천벼락 웬 말인가
가족 이웃사촌 국민 모두가
흐느끼며 흐른 눈물 넘쳐
끝내 눈물 바다였구나

살아서 돌아오기를
한 마음으로
두 손 모아 기도하며
소원하고 또 소망하였건만
다시 돌아오지 못하는 너

미안하구나
고통 없는 하늘나라에서
한 생의 미련 떨쳐버리고
새로운 저승 세계의 천사로
영생하길 합장 기원한다

*인천항 출발 제주도에 도착 예정인 세월호가 운항 중 2014년 4월 16일 오전 8시 48분 전남 진도군 조도면 병풍도 인근 해상에서 침몰함. 탑승자 476명 중 사망 296명. 실종자 8명. 생존자 172명의 참사가 발생함.

맑은 영혼의 여운

제 5 부

너에게 가는 길
어디에 살던
네가 행복하다면 그것만으로 마음이 편구나.

하 루

햇살 따가운 날
밤에는 개구리
개굴 개굴

하루에도
밤사이 안녕이라고
오늘도
어떤 일이
일어날지 모르고

오늘은
내일을 기다리기보다
하루하루
세월 흐르는 대로
몸을 맡긴다

기 도(祈禱)

한 사람을 진실로
사랑할 수 있기에
항상 미소처럼
다정스러운 딸아 !

세상을 하늘처럼 살아가듯
어둔 밤 총총한 별과 함께
밝은 햇살같이 따뜻하여라.

가슴속에 피어나는
작은 사랑으로
너에게 나는 소중한
의미이고 싶다.

너를 향한 기도로
너를 감싸주고
언제나 햇살처럼
행복을 소원한다.

나눔의 진실

즐거움이 넘쳐
기쁨의 눈물이듯

아픔의 고통도
담아내기 힘든 눈물이듯

깊은 사랑
이별의 순간은 뼈가 저려

기쁠 때나
아플 때나
사랑을 할 때나

고통의 나눔은 허무듯
인생의 눈부신 꽃이 피는
미덕의 베품에 행복을 느낀다

황혼 인생

나는 이제 흰 노인이요
뼈마다 노쇠라
지나온 세월에
등뼈가 굽었소

돌덩이처럼
굳어져 버린
갈라진 발바닥

누울 자리조차
몸 가눌 힘 없으니
내 신세 처량하오
영원할 수 없는 내 인생 황혼

행복의 진실

마음을 비우고
욕심을 줄일 때
행복이 오는 것을 느끼며

아픈 때나
즐거울 때
흘리는 눈물의 맛이 다르듯

사랑의 여행은
이별이란 아픈 추억도
만들어 가듯

사랑은
내 진실을 줄 때가
더 행복하다

나, 지수

내 마음
가장 가까이
지수를 안았습니다

왜 그리도 좋을까
마음이 같고
생각이 같아집니다

마음의 늪에서
서로를 비추어 주는
지수는 나의 사랑 거울

내가 사랑하는 딸에게 1

눈에 넣어도
조금도 아프지 않은 딸

꽃같이 예쁘고
밝고 사랑스러운 딸 은유야

오래오래 엄마 곁에
있을 줄 알았는데

어느새 어엿한 어른이 되어
총총 떠나가네

한평생의 짝을 찾아
새 출발을 하네

얼굴만 예쁜 게 아니라
심지도 깊고 굳세어

너의 사랑 나의 반쪽과
마음을 모으고 지혜를 합하여
어디에 가서 살든지

주위 사람들의 칭송을 받으며
겸손하면서도 힘 있게
멋 진생을 펼쳐 갈 줄 믿기에

한 줄기의 눈물 너머
큰 기쁨으로 너를 보내마

먼 길 떠나는 딸
코스모스같이 늘 명랑한 딸아
언제나 행복하여라
　　　　　-출가하는 딸을 보내며 엄마가-
　　　　　　　　2015년 11월7일 2시 은유에게

내가 사랑하는 딸에게 2

언제나 기대어
가고 싶지 않은 듯
그렇게 숙명처럼 가고
다시 새롭게 새겨질
아름다운 추억을 담았습니다.

가슴으로 마음에 실린
아름다운 웃음을
아련히 기다립니다.
헤어지는 아픔보다
이별의 설렘을 생각합니다.

오늘도 물안개 피는 강 언덕에서
그 목소리 들리는 듯
포근하게 내리는 고운 햇살에
너의 따스한 손길 느끼며
애잔한 그리움에 흐느낍니다.

― 둘째딸 현지를 보내면서

가족

식사 때이면
둥근 밥상에
머리 맞대고
도란 도란
시끌 벅적

한 가운데
된장 김치찌개
서로 바쁘게
한 가족 아침이
새롭게 그립다

너 떠난 후 그리움

너 떠난 후
그리움의 빈자리가
너무나 커서
허우적거리며
하늘을 봅니다

바람 끝에 남은 흔적
훨훨 따라갑니다
눈앞에 보이지 않는
없는 걸 알면서도
눈빛으로 또 더듬어 봅니다

한 결의 품에서
그리움이란 말에
사랑을 담아보고
안녕이란 말에
믿음을 담았습니다

모정(母情)

화창한 오후
축구공 들고
나가는 아들에게

책상 앞에 앉아
책 읽기를
바라는 엄마

아프지 말고
건강이 제일이라고
생각하면서

나 또한
저 나이에
토끼처럼
고무줄놀이 했었지

외로움

빛 바랜
낡은 앨범
그림 같은 너의 미소

가로등
아래 세워둔
주인 기다리는 자전거

넌 나에게
갈 곳 잃은
외로움을 주었다

삶의 여운

언제부터인가
아픔이 몸을 쓰려오면서
왠지 서글프고
슬픔이 앞선다

그 아픔을 애틋이
격려하는 말 한마디에
가슴이 메여지는 고마움
목이 메이게 조여오고

내 아픔의 긴 세월
앞서가 버린 청춘에
애틋한 삶이 한스러워
볼 언저리에 눈물이 흐른다

상 념

오늘도
이맘 때쯤이면
지난 회상을 떠 올려
부모님을 그린다

언제나
얼굴 잊을까
놓칠 세라
떠나고 없는 빈 곳

오늘도
그리운 마음 모아
추억 그리며
빈자리 채우고 있다

원망(怨望)

겉으론 웃고 있는 당신을
속으론 가슴치 며
울고 있다는 생각을
해 본 적이 없었습니다

예리한 칼날로 뼛속을
훑고 있는 것 같은,
세상의 모든 일이
당신 뜻대로 되는 게 있겠습니까

내가 울 때마다
내가 외로울 때마다
진실한 당신의 손길이
나의 불빛이 되었음을 고백합니다

당신이 계셨기에
나의 슬픔과 행복한
눈물도 흘렸습니다

몇 번이고
힘든 고비를
손 뻗어 잡아 주시던
당신의 따뜻한 손길 그립습니다
　　- 저자가 집 떠나 헤어진 어머니를 그리워했던 마음

그리움

항상 옆에서
울타리처럼 지켜주던 그 자리
지금은 홀연히 떠나버린
빈 자리…

문밖을 지키며
긴 세월 보낸 탓인지
기억조차 흔적 없고
어느덧 그리움으로 담겨져

오늘도
기다리고 있는 건
간절히 보고픈
정말 단 한 번만이라도

간절한 당신의 소식 듣고 싶다

그 때 그 생각

잠이 깨면
그때 생각도 깨어나요
또 조금만 생각을 바꾸었으면
이런 슬픔이 없었을 테니까.

희미한 십 촉 등불 밝히고
온 밤을 영욕의 허망으로 지새웠던
또 그런 어리석음의 치욕만 없었던들
이젠 씻을 수 없는 슬픔 뿐이에요.

밤은 이다지도 아름다운데
푸른 잠속에서 옥 창가 불빛만이 흘러
그 목소리 곁에 없음이 꿈을 재우고
그저 슬픔만 남은 창가를 서성이고 싶다.

난 또 다시
그때, 이렇듯 잠이 깨면
잊고픈 그때 생각에 가슴이 시려요.

아이 생각

조용히 어둠이 내리고
바람 타고 소리 없이 눈 내리면
아이는 눈 마중 좋아라
엄마는 소리쳐 말리려 한다

어둠 걷힌 새벽
고래 등 업은 듯 우산 들고
밖을 향해
아이는 울먹인다

밤사이 쌓였던 눈은
진눈개비로
눈 다 녹여 버렸는데

아이는
밤사이 비가 눈을 먹었다고
엄마를 향해
아 앙 울음을 터드렸다

친정엄마

어릴 적 그리움
함께했던 엄마 냄새
딱 한번만 맡을 수 있었으면
세월은 멀리도 떠나왔다

어린 나이에 헤어저
엄마 보고파
소리내어 엉 엉
울어 본 적도 없었다

그리움이 떠올라
가슴 울컥해 오고
친정엄마의 빈자리
섧디 서러워
눈물이 또 난다

빈 집(空家)

초라하고 조그마한 집
넘어지려다
겨우 지탱해 서있는

내가 태어나서 자란
사랑의 보금자리로
지금까지 아껴 왔던 곳

왜 흉물로
남아 버렸을까
왕왕 귓가에
옛 소리 들려오는데
훌훌 떠나버린 지난 추억

나그네 되어
옛 집을 돌아보니
이름 모를 야생화와
들풀만 외로히 반겨주네

엄 마 1

엄마!
지금 어디에 계시온지
한 번만 볼 수 있는 현실로 돌아와 주신다면
그리움에 사무친 모정의 한을
핏줄의 보은으로 지성을 다하는
불효스런 딸 여식의 소원이 이루어지도록
돌아와 주실 수는 없는지요
지난 기억 속에서 멍울져 아려오는 아픈 고통을
가슴 속 알알이 고여 있는 눈물의 한도
이제는 그리움에 사무쳐 메말라버린 지 오래였어요
엄마! 꼭, 한번 엄마를 마중하는 날이 언제일런지

엄마!
엄마는 등을 돌려 누우셨지요
그때는 엄마의 마음을 알지 못 했습니다
이제는 엄마의 마음을 알 것 같은데
엄마의 그리움을 이 여름 장마비로
눈물로 대신하렵니다

한 번만 딱 한 번만 보고 싶습니다
아담한 키에 앙상한 체격 그때는 왜,
그렇게도 엄마의 마음을 몰랐을까?

엄 마 2

엄마!
어쩌면 고난의 슬픔을 홀로 안고
남몰래 흐느껴 우시던 그 얼굴
모녀가 잠시 정을 나누며 머물렀던 시절
엄격하다 못해 무서움만 주시던 추억속의 기억들
아주 짧은 추억의 동안시절
빛바랜 소학교 소풍 사진이 마직막일 줄이야
왜 그리 듣기 싫었던 잔소리도
엄마의 따뜻한 손길로 챙겨주시던 모습도 그립고
그때로 돌아가 꼬옥 안겨 떨어지지 않으렵니다

엄마!
지금은 말할 수 있습니다.
그리움이 돌아올 수 없음을 알면서
오랜 기다림 속에 반가워서 뛰는
그리움으로 변했습니다
엄마!
만나서 소리내어 울어보고 싶습니다

지금에서야 엄마 마음 다 알 것 같습니다
어느 하늘 아래 어디에 계시더라도
행운의 여신의 기운을 받아 영원히 행복하시길

울 엄마

철부지 귀한 아들
한 고집통에
속 끓이다

시간
흐르니
그 마음 오간 데 없고

나는
그 나이에
어땠나?

가슴에 사무치는 한
천만 번도
더 부르고 싶었던
울 엄마 !

엄마 마음

엄마는
살갑도록 귀여운
예쁜 두 딸을 위해
마음과 육신을 섞어
열심히 살아온 것 같구나

엄마는
너희 둘이 항상
엄마 곁에 있어 주어서
어떠한 역경도 다 이겨내는
용기와 큰 힘이 되어 주었고

엄마는
한해 또 한해 보이지 않는
모습으로 착하게 자라 온
너의 아름답고 여성스러움을
바라볼 때 너무 고마웠단다

엄마는
엄마로서 너희의 마음 채우려
최선으로 다했지만
어느 한 부분도 부족하기만 했던
엄마의 마음을
이젠 이해하여 주렴

- 어려운 여건에서 착하게 성장한 두 딸에게 고마운 엄마의 마음 표현이다

내 영혼에 흔적을 남긴 상처
- 아들 신효준의 림프혈암 병상 일기 -

감출 수 없는 심혼의 애상과 숨 가쁜 순간들의 시간을 넘기며 난 정체되어 가는 눈물마저 잊어버린 채 이렇게 내 영혼에 기억할 일기를 적는다.

2018년 8월 29일
세상이 모두 외면해버린 그날의 충격.
긴급히 장거리 택시로 강릉아산병원 도착해
서류를 받아들고 바로 서울아산병원 응급실 도착
다음날 30일 오전 9시경 골수검사 후.
제2 타 병원 구급차로 혜민병원으로 옮겨졌다

7일 뒤 서울아산병원
1차 검사결과는 순간, 급성골수백혈병이란다.
청천하늘에 날벼락이지 신은, 어디에서,
어찌 나에게 이렇게 가혹한 시련을 줄까.
7일이 지난 뒤 2차 결과를 기다리고 있어야만 했었다

병실과 진료의사의 지정을 받지 못해

타 병원서 2주 동안 효준이, 아무런 치료도 받지 못하고
고통의 통증을 해열제로 응급처치하고 있는 실정이었다.
꿈에도 나타나지 말기를 바랐던 혈암(血癌)의 소식에
가슴이 찢기는 아픈 쓰라림의 순간을 삭히면서

환자의 고통을 지켜보는 나에게 답답해하는 효준이는
언제쯤 서울아산병원 입원실로 갈 수 있느냐고 조르기
만 한다. 세상이 어찌 된 건지 효준이 앞에 입원예상 환자
5명이 대기상태 중이라 불안해서 마음이 좌불안석이다.

2차 검사결과 나오는 날 타 병원서 기다리던 14일째
아산 본 병원에서 입원을 하라는 연락을 받고
가슴을 조이듯 불안의 연속에서
드디어 피가 전신을 날듯이 뜨겁게 돌아간다.

9월 12일 오후 6시경 서울아산병원 74병동 36호 입원
교수회진 2차 결과 병명은 급성골수와, 림프백혈병 믹
스로 판명. 9월 13일부터 곧바로 중심 정맥관 삽입과 항

암시작 9월 26일부터 항암약 기운으로 39도를 넘나드는 고열로 복통 두통 구토 설사의 인체반응이 옆에서 지켜보기에는 너무나 잔인하리만치 볼 수 없는 괴로움이 나를 엄습한다.

매일 매일 항암 약기운으로 오는 통증은
어떤 통증으로 또 역류할지 불안과 초조함의 넋을 뺀다.
언제쯤 이 고통이 끝나 훨훨 털어버릴 수 있으려나
꿈에서만이라도 상상할 수 있는 퇴원의 소망은 언제쯤,
메말라 갈라져 버린 이 가슴의 바램을 여쭤보지 못했다

그냥 아무런 희망도 없을 뿐, 퇴원은 생각조차 할 수가 없었다. 과연 집에는 갈 수 있으려나, 효준이는 어떤 마음일까? 수술도 할 수 없고 오직 항암으로만 치료한 뒤 골수이식까지 완치조차도 불안한 상태 하루하루 고통 속에서 나 역시 진료교수에게 물어볼 용기마저 잃었다.

퇴원은 언제쯤이란 말 역시 할 수 없고

앞으로 이렇게 고통스러운 아픔에 더욱 힘들 것 같다.
주치의 교수만 믿고 의지할 수밖에 다른 방법은 없었다.
그렇게 하루씩 마음 졸이며 보내고 있을 즈음,

2018년 10월 6일 토요일 39일 만에
작은 누나가 효준이 보고 싶어 면회를 신청해서
효준이는 휠체어에 몸을 맡긴 채 누나와 잠깐 만나고
병실로 들어가는데 효준이 집에 가고 싶은지
불안해 하는 모습에 마음이 너무 아프다.

얼마나 집에 가고 싶을까, 겁은 얼마나 날까,
말 못 하는 저 심정을 누가 알아 줄 것인가
비스듬히 침대 위에 옆으로 누워있는 뒷모습이
왜 그리 안쓰럽고 불쌍해 보이는지 숨어서 바라보는
내 마음에는 하염없는 눈물만 계속 흐르고
가슴이 미어져 터져버릴 것 같은 마음에
속상해서 비통한 마음 어디에 한할까
그래서 면회를 하면 보는 마음과 가는 마음 슬픔뿐이다

다행이 마스크를 쓰고 있어 흐르는 눈물은 숨길 수 있어
입김이 나와 서린 안경 막은 감출 수 없다
남의 눈들을 피하느라 흐르는 눈물과 콧물은
그대로 손도 못 가리고 마스크가 막아주니 다행이다
남매의 애타는 그리운 만남을 괜히 오라고 했나
속상해하는 나의 후회가 가슴 아픈 모성애로 얼룩져 간다.

나 혼자만 이렇게 아픈 가슴이 후벼 파이도록 아픈데
내 아들 효준이 마음은 오죽할까
집에 갈 수 없다고 희망 잃은 생각은 하지 않고 있을까
부모를 원망은 안 할까?

조용히 밖으로 나오니 두 뺨으로 흘러내리는 눈물,
멈출 줄 모르고 마냥 한없이 흘러내린다.
그동안 참아왔던 사연들에 눈물이 멈추지 않아
복받치듯 솟아나오는 눈물이 흐느끼듯 흐르며 흐르려나
엄마는 강한 게 아니라 그렇게 보일 뿐이다.
혼자 감당하기에는 너무 큰일이라.

정말, 얼마만의 눈물인가
처음으로 마음 놓고 눈물을 흘릴 수 있게 해준
현지(작은딸)가 너무 고맙고 사랑스럽고 기특하다
청천벽력 같은 소릴 듣고서도 엄마라는 이유로
지금껏 울어볼 수조차 없었던 걸 이제야,
막혀있던 곳을 뚫고 쏟아져 나왔다.

골수이식 검사 진행도 항암시작과 동시에 진행되었다
 우선 가족부터 맞지 않을 경우 타인으로 갈수록 어려운
일들이 기다리고 있을 줄 몰랐다
 골수와 요추천자라는 검사를 할 때는 그 고통의 표현이
어려우니…

 골수이식도 50% 100% 있는데 말처럼 쉽지 않았다
 형제가 맞을 확률이 높다고 하는데 형제가 많치 않은
누나 둘만 검사에 들어갔다
 작은 누나가 100% 맞다는 천만뜻밖 신의 전달이
 이제 항암 고통만 이겨주면 되는데

언제나 효준이 앞에서든 가족들 앞에서는 더 강하고
남들이 눈물을 보일 때도, 강한 엄마로 보여주곤 했다.
그러나, 혼자 있거나 효준이가 자리에 없을 때는
약한 엄마의 마음은 여지없이 무너져 혼자 눈물을 흘리는
것은.

기다리던 이식 날이 다가오고 있었다.
2019년 2월 15일부터 입, 퇴원을 반복하던 중
재입원 3월 7일 예약 받고 무균실로 들어가는 날이다
3월 7일 입원해서 항암으로 환자 몸속의 균을 모두 죽
이고 이식을 받기 위해 싸워야 하는 일의 고비만 넘겨야
한다. 무균실 입원 날은 오로지 환자 혼자 입원하여 힘든
고통과 싸움을 이겨야 하는 지옥 같은 고통에 또 걱정…
무균실 들어가는 날을 얼마나 기다리고 기다렸는지

3월 15일 12시 20분부터 조혈모세포 이식 시작하였다고
무균실서 문자가 들어왔다. 부디 힘을 내 몸속에 있는 것들을
다른 사람 것으로 바꾸는 힘든 고통 이겨내고

일반병실로 옮겨 무균실로 입원하는 날부터 드디어 225일만에 퇴원 판정을 받고 통원 진료를 받으라는 통보다.

얼마나 감격한가 감사하다고, 연신 인사드리면서

지금도 3개월 한 번씩 검사를 받다가 2023년 3월부터 6개월마다 한 번씩 검사를 받으러 다니고 있다.

이제 8월이면 5년인데 짧은 긴 여정의 병상고통은 이제 끝이었다.

내 인생에 영원히 있지도 않을 아니,
있었어도 안 될 하나밖에 없는 내 아들에게
이런 모진 운명의 사슬에 시련을 겪을 줄이야
가슴 아픈 고통의 시련을 겪고 이겨왔지만
내 영혼을 울린 상처를 일기로 남기면서
먼 훗날의 살아온 내 삶을 추억해 본다.

*효준 1남 2녀의 막내

김지수 시인의 작품 세계

삶의 균형감각이 배태하는 강인함과 순결함
– 폭풍이 지난 아침의 빛

이철호(문학평론가, 소설가)

인생에 있어 균형의 힘은 어디서부터 비롯되는 것일까. 분명 기질적인 영향도 있겠지만 스스로 선을 선택하고 삶의 희망을 포기하지 않으려는 자기 단련이 없다면 그러한 내적인 힘은 생겨나기 쉽지 않으리라.

김지수 시인의 시에서는 삶의 균형이 아름답게 빛나고 있다. 그것은 삶의 어느 한면으로 치우치지는 않는 마치 '그립고 아쉬움에 가슴 조이던/ 머언 먼 젊음의 뒤안길에서/ 인제는 돌아와 거울 앞에 선' 누님 같은 단아한 한 송이 국화꽃을 연상시키는 아름다움이다. 그 아름다움은 강인함과 순결함을 배태하고 있는 성숙을 의미하는 바, '온전'은 균형의 또다른 이름으로 대별될 수 있으리라.

길지 않으면서 명료하게 주제를 짚어내는 단순성이 김지수 시인의 시의 한 특징을 이루는 바, 무슨 말인지 알 수 없을 정도의 모호함과 난발하는 시어들에 익숙한 독자에게는 이러한 시의 명쾌함은 오히려 통쾌하게까지 여겨진다. <억새 풀>

<여름바다> <연인> <그리움> <고마움> 등이 이러한 시에 속한다.

뜨거운 열기 속/ 몸은 쪄서/ 달아오르고//
잔잔한/ 파도 위 갈매기/ 나를 부르네//
시원한/ 바다 내음 안고/ 나의 몸을 맡겨본다.
-<여름바다> 전문

혼자가 싫어/ 외로움에 /벗어나고파//
그대와/ 사랑의 연으로/ 몸부림치면//
더욱 더/ 그리움으로/여울진다
-<그리움> 전문

이렇게 단순하지만 강력한 여음을 남기는 김지수 시인은 <여름바다>와 <그리움>에서 보듯이 내외적인 영감이 활발하게 교류하고 있다. 즉 외부적인 환경과의 상호작용과 내적인 마음의 소통이 원활하게 이루짐으로 삶의 균형을 잘 이루어 내고 있다.

내면적인 교류, 특별히 자신과의 소통을 보여주는 단적인 예가 될 수 있는 시는 <나는>과 <나, 지수>이다.

내가 나를 보는/ 작은 마음의 기로/ 멈추어지지 않는 나는/
순간마다 나를 찾는다//
-<나는> 중

내 마음/ 가장 가까이/지수를 안았습니다//
왜 그리도 좋을까/ 마음이 같고/ 생각이 같아집니다//
마음의 늪에서/ 서로를 비추어 주는/ 지수는 나의 사랑 거울
<나, 지수> 전문

시인은 자신과의 소통을 매우 중요하게 여길 뿐 아니라 시 <나는>에서 보여지는 태도는 얼마나 긍정적인가. 세상은 분주하고 세상은 '발길 닿는 곳 따라 항상' 그 중심과 가치가 바뀌지만 언제나 자신은 한결같다고 말한다. 세상의 허탄한 기류에 따라 휩쓸리지 않는 시인의 단단함이 느껴지는 대목이다. 이러한 자기 긍정과 자신감이 세상과 삶에 대한 균형 감각을 이룰 수 있는 저력이 아닐까 한다. 또 다른 시 <나, 지수>는 어떠한가. 이 세대의 불안, 공포, 두려움, 우울 등 신경병적인 증상은 다 마음의 문제에서 비롯된다. 시인에게 있어 때로 마음은 '늪'과 같은 것일 수 있지만 서로를 비추어 주며 다독이는 거울 같은 친구이다.

<촛불> <두부 예찬> <외로운 빈의자>에서 이것이 곧 시인의 자화상이거나 시인이 도달하고자 하는 성품이 아닐까 생각해보게 된다.

......
불타오르는/ 사랑의 감성을 억제 못해/
맑은 눈빛으로/ 흘러내리는 저 눈물//

긴 시간도 멈추지 않고/ 밤을 지새우며
너의 몸을 불태우고// … -<촛불>
…/ 내세울 게 없기에/ 군림하는 대신/ 겸허하게 순응하고//
껍질이 벗겨지고 온몸이/ 으스러지는 가혹한/
담금질을 견뎌냈기에//
무른 듯 단단할 수 있을 것이다
-<두부 예찬>

…/ 비가 오면/ 언제나 그냥/ 감출 것도 피할 것도 없이
그대로 다 젖는다//
바람 불면/ 나뭇잎은 그냥/ 가릴 것도 붙잡을 것도 없이
그대로 다 날려 가버리고//
…
비가 오는 날/ 빈 의자는 변함없이/ 언제나 그대로 또 젖는다
내일도 다음날도 외롭게 그렇게 또…
- <외로운 빈의자>

 사랑 때문에 몸이 녹아 내림에도 맑은 눈빛은 너를 향하고 있다. 사랑이란 이미 자기 희생이 전제 되었다고 <촛불>은 말하고 있다. 한편 <두부 예찬>에서는 '별스럽게 튀지 않으면서 겸허하게 순응할 줄 아는' 것은 단순히 기질적인 문제와 연관되어 있지 않다고 한다. 그것은 우리가 지향해 갈 목표, 곧 '가혹한 담금질' 이후에나 가능한 성품의 완성이기 때문이다.
 한편 <외로운 빈의자>에서 시인은 무엇을 말하고 싶은 것일까. 그 자리를 지킴으로 득보다 실이 많다. 비를 맞아야 하

며, 나와 함께 하던 나뭇잎도 가릴 것도 붙잡을 것도 없이 떠나보내야 한다. 삶에 희, 비가 있음을 알면서도 피하거나 도망하지 않고 그 자리를 지키고 있는 '빈의자'- 외로움이라는 숙명같은 수식어를 앞에 두고도 '한결같음'으로 '변함없음'으로 자리를 지키고자 하는 빈의자는 '외로운'보다는 '꿋꿋한, 단단한, 변함없는'이라는 수식어가 더 잘 어울릴 것 같다.

　이렇게 <촛불> <두부 예찬> <외로운 빈의자>에서 시인이 추구하는 가치관, 그것은 곧 자신을 향한, 그리고 세상을 향한 지향이다.

　반면 이에 반하는 삶, 자신의 이해에 따라 카멜레온처럼 색깔을 바꾸며 살아가는 이들을 향한 다소 해학적인 <그들> <두 얼굴> 같은 시들도 눈에 띈다. 세상 세태에 대한 시인의 비판은 정의롭고 공의로운 세상에 대한 목마름이다.

　세상, 이웃, 자신에 대한 균형 잡힌 시선뿐만 아니라 시인의 삶은 자신이 추구하는 그 가치에 있어 얼마나 진실함으로 그 힘을 다했던 것인가. <엄마 마음>은 부족한 가운데서도 잘 성장한 딸들에 대한 고마움을 표현한 시이다.

　　엄마는/ 살갑도록 귀여운/ 예쁜 두 딸을 위해/
　　마음과 육신을 섞어/ 열심히 살아온 것 같구나//
　　엄마는/ 너희 둘이 항상/ 엄마 곁에 있어 주어서/
　　어떠한 역경도 다 이겨내는/ 용기와 큰 힘을 얻었다
　　…
　　-<엄마 마음>

모정이란 무엇일까. 자식의 일에서만큼 무조건 죄인일 수밖에 없는 일이고 보면 무탈하게 일상을 살아가는 것만으로 자식은 내색하지 않는 기쁨이요 드러나지 않는 행복이다. 자식의 아픔이거나 고통이거나 문제에서는 부모는 모든 것을 다 내어주고라도 자식이 온전한 삶에 이르기를 바라지 않겠는가. 그렇기에 시인은 아들 효준의 투병이 '형벌'로 각인되어 영원한 상처를 남기고 있다고 말한다. '감출 수 없는 심혼의 애상과 숨 가쁜 순간들의 시간을 넘기며 난 정체되어 가는 눈물마저 잊어버린 채 이렇게 내 영혼이 기억할 일기를 적는다.'라며 아들 신효준의 림프혈암 병상 일기를 시작하고 있다. 비록 지금은 완치의 판정을 받았지만 그것은 영원히 지워지지 않을 '영혼에 흔적을 남긴 상처'였다고.

병상일기는 단말마의 외마디로 신에게 도움을 요청했을 절박했던 순간들을 절제된 언어로, 독자들의 심금을 울리며 생생하게 그려내고 있다.

...
처음으로 마음 놓고 눈물을 흘릴 수 있게 해준
현지(작은딸)가 너무 고맙고 사랑스럽고 기특하다
청천벽력 같은 소릴 듣고서도 엄마라는 이유로
지금껏 울어볼 수조차 없었던 걸
이제야, 막혀있던 곳을 뚫고 쏟아져 나왔다.
- <내 영혼에 흔적을 남긴 상처> 중

시인의 절망과 고통은 어떤 것이었나. 눈물마저 길을 찾지 못했던, 그래서 시인의 안에서 '정체'되어가는 슬픔은 시인을 더욱더 경화(硬化)시키는 요인이 되었을 터, 엄마라는 이유로 울 여력조차 없었던 시인은 딸의 면회를 계기로 울 수 있는 것조차 '감사'하게 여기고 있다. 아들이 낫기를 바라는 마음조차 함부로 소리내어 말할 수 없었던 간절함과 같은 맥락으로 읽혀진다.
　하지만 '꿈에서만이라도 상상할 수 있는 퇴원의 소망'이 마침내 이르렀을 때 '얼마나 감격한가'. 그럼에도 불구하고 그때의 고통은 영혼의 상흔으로 영원히 시인의 몸에 흔적을 남기고 있는 것이다.
　누구의 삶인들 녹록하겠는가. 어쩌면 삶의 균형감각은 삶의 고난들을 적극적이고 능동적으로 통과하는 과정에서 얻어지는 통찰에서 비롯되는 것은 아닐까.
　특별히 김지수 시인의 시에서는 몇 편의 시가 아니라 시집 전체를 곰곰이 정독하여 읽어보기를 권한다. 한두 편의 시로서는 삶의 균형감각을 느끼기에는 부족하리라. 시인은 풍부하고 아름다운 서정을 잘 조율된 언어로 긴장감 있게 표현하고 있다. 이는 살아있는 생생한 표현으로 독자의 상상력을 자극하는 바, 시인이 만들어 내는 시의 세계는 놀랄 만큼 경이롭고 아름답다. 김지수 시인의 시에는 폭풍이 지난 아침 햇볕

이 더욱 찬연하듯 어둠을 뚫고 지나온 자의 강건함이 순결한 영혼의 빛과 같아서 부산스런 세상의 파고에 휩쓸리지 않는 아름다움이 있는 것이다.